손으로 쓰면서 마음에 새기는 인생 교과서

大學

대학
따라쓰기

시사정보연구원 편저

시사패스
SISAPASS.COM

손으로 쓰면서 마음에 새기는 인생 교과서

大學 대학 따라쓰기

초판 발행   2024년 4월 25일

편저자   시사정보연구원
발행인   권윤삼
발행처   도서출판 산수야

등록번호   제2002-000278호
주소   서울시 마포구 월드컵로 165-4
우편번호   03962
전화   02-332-9655
팩스   02-335-0674

ISBN 978-89-8097-567-9   03140

값은 뒤표지에 있습니다. 잘못된 책은 바꾸어 드립니다.

공부의 방향을 정하고
세상과 올바르게 소통하는 지혜를 담은 『대학』

大學之道 在明明德 在新民 在止於至善

대학의 도는 밝은 덕을 밝히는 데 있으며 백성을 새롭게 함에 있으며 지극한 선에 머무는 데 있다.

『대학』은 공부의 방향을 정하고 세상과 올바르게 소통하는 지혜를 담은 책으로, 동아시아를 지배하는 사상 체계를 만들어낸 주희가 사서(四書) 가운데 가장 먼저 읽어야 할 고전으로 꼽았다. 주희는 『대학』을 인생의 목표를 설정하고 가치관을 확립하는 책으로 여겼기 때문이다.

유교 경전에서 매우 중요한 경서인 『대학』의 작자는 분명하지 않다. 처음으로 관심을 가진 이는 송학의 원류라 일컫는 대유학자 한유(韓愈)였다. 그 후 사마광이 본래 49편으로 이루어진 『예기(禮記)』 제42편에 수록

되어 있던 것을 따로 떼어서 『대학광의(大學廣義)』를 만들었다. 이후 주희가 『대학장구(大學章句)』를 만들어 경(經) 1장(章), 전(傳) 10장(章)으로 구별하여 주석을 가하고부터 세상에 퍼졌다. 경(經)은 공자의 말을 증자가 기술한 것이고, 전(傳)은 증자의 뜻을 그 제자가 기술한 것이라고 주희는 말하였다. 『대학 따라쓰기』의 원문과 해석은 주희의 『대학장구』를 따랐다.

『예기』의 일부분이었던 『대학』은 성리학을 집대성한 주희에 의해 『논어』·『맹자』·『중용』과 더불어 사서(四書)라는 위상을 갖게 되었다. 최고 교육기관이었던 태학(太學)에서 학생들을 가르치던 내용을 서술한 『대학』은 이상적인 지도자가 되기 위한 세 가지 목표와 이 목표를 이루기 위한 여덟 단계의 과정을 담고 있다. 이것을 삼강령(三綱領)과 팔조목(八條目)이라고 한다. 주희는 『대학장구』에서 『대학』의 삼강령인 명명덕, 신민, 지어지선을 공부의 이념으로, 팔조목인 격물, 치지, 성의, 정심, 수신, 제가, 치국, 평천하를 구체적인 방법으로 이야기하며 덕치에 바탕을 둔 이상적 공동체에 이르는 법을 펼쳐 보인다. '수신제가치국평천하', 즉 몸을 닦고 집안을 가지런히 하고 나라를 다스리고 천하를 태평하게 하는 선비의 길은 바로 『대학』의 팔조목에서 유래했다.

이와 같이 배우는 사람에게 학문하는 법을 설명하는 『대학』의 가르침은 고금을 통틀어 유학 입문자들에게 탁월한 길잡이가 되었다. 유학 입문서로서 『대학』은 자신을 닦고 집안을 다스리는 것이 실제적인 정치에 매우 중요한 것임을 일깨워준다. 자식 사랑의 치우침을 경계하고, 왜곡된 물

욕을 경계하고, 재물이 올바른 곳에 쓰일 수 있도록 경계하라는 지침까지, 오늘날 우리에게 『대학』은 어느 한 문장도 소홀히 할 수 없는 깊이를 보여주고 있다.

  시사정보연구원과 시사패스는 대학 원문과 해석을 읽으면서 따라 쓸 수 있도록 『대학 따라쓰기』를 출간하였다. 손은 우리의 뇌와 밀접하게 연결되어 있다. 손으로 글씨를 쓰면 뇌를 자극하여 뇌 발달과 뇌 건강에 도움을 준다는 연구결과가 증명하듯 손글씨는 어린이와 어른을 아울러 주목받고 있는 분야이기도 하다. 글씨는 자신을 드러내는 거울이며 향기라고 한 성현들의 말씀처럼 대학을 쓰면서 자신만의 필체를 갖도록 노력하는 것도 의미 있는 공부가 될 것이다.

  『대학 따라쓰기』는 공부의 방향을 정하고 목표를 설정하며 가치관을 확립해 세상과 올바르게 소통하는 대학 고전의 지혜를 담고 있다. 여러분이 이 책을 활용하여 자신을 돌아보는 기회와 깨달음을 얻기를 희망한다.

苟日新 日日新 又日新

진실로 날로 새로워지면 나날이 새로워지고 또 날로 새로워진다.

★ 한자의 형성 원리

1. 상형문자(象形文字) : 사물의 모양과 형태를 본뜬 글자

☼ → ⊙ → ⊟ → 日　　날 일(해의 모양)

⊅ → 月 → 月 → 月　　달 월(달의 모양)

♀ → ♀ → ♀ → 子　　아들 자(아들의 모양)

👁 → ∅ → ⊟ → 目　　눈 목(눈의 모양)

2. 지사문자(指事文字) : 사물의 모양으로 나타낼 수 없는 뜻을 점이나 선 또는
부호로 나타낸 글자

∴ → ⊥ → 르 → 上　　위 상(위를 뜻함)

中 → 中 → 中 → 中　　가운데 중(가운데를 뜻함)

∵ → 丁 → 丂 → 下　　아래 하(아래를 뜻함)

朩 → 朩 → 朩 → 本　　근본 본(뿌리를 뜻함)

3. 회의문자(會意文字) : 이미 만들어진 글자를 2개 이상 합한 글자

人(사람 인) + 言(말씀 언) = 信(믿을 신) : 사람의 말은 믿는다.

田(밭 전) + 力(힘 력) = 男(사내 남) : 밭에서 힘써 일하는 사람.

日(날 일) + 月(달 월) = 明(밝을 명) : 해와 달이 밝다.

人(사람 인) + 木(나무 목) = 休(쉴 휴) : 사람이 나무 아래서 쉬다.

4. 형성문자(形聲文字) : 뜻을 나타내는 부분과 음을 나타내는 부분을 합한 글자

口(큰입 구) + 未(아닐 미) = 味(맛볼 미)　　左意右音 좌의우음

工(장인 공) + 力(힘 력) = 功(공 공)　　　右意左音 우의좌음

田(밭 전) + 介(끼일 개) = 界(지경 계)　　上意下音 상의하음

相(서로 상) + 心(마음 심) = 想(생각 상)　　下意上音 하의상음

口(큰입 구) + 古(옛 고) = 固(굳을 고)　　　外意內音 외의내음

門(문 문) + 口(입 구) = 問(물을 문)　　　內意外音 내의외음

5. 전주문자(轉注文字) : 있는 글자에 그 소리와 뜻을 다르게 굴리고(轉)

끌어내어(注) 만든 글자

樂(풍류 악) → (즐길 락 · 좋아할 요)　예) 音樂(음악), 娛樂(오락)

惡(악할 악) → (미워할 오)　　　　　예) 善惡(선악), 憎惡(증오)

長(긴 장) → (어른 · 우두머리 장)　　예) 長短(장단), 課長(과장)

6. 가차문자(假借文字) : 본 뜻과 관계없이 음만 빌어 쓰는 글자를 말하며 한자의 조사,

동물의 울음소리, 외래어를 한자로 표기할 때 쓰인다.

東天紅(동천홍) → 닭의 울음소리

然(그럴 연) → 그러나(한자의 조사)

亞米利加(아미리가) → America(아메리카)

可口可樂(가구가락) → Cocacola(코카콜라)

弗(불) → $(달러, 글자 모양이 유사함)

伊太利(이태리) → Italy(이탈리아)

亞細亞(아세아) → Asia(아세아)

★ 한자 쓰기의 기본 원칙

1. 위에서 아래로 쓴다.
   言(말씀 언) → ｀ ﾞ ﾞ 言 言 言 言
   雲(구름 운) → ｀ ｀ ｀ 中 中 电 雪 雪 雪 雲 雲

2. 왼쪽에서 오른쪽으로 쓴다.
   江(강 강) → ｀ ﾞ ﾞ ﾞ 江 江 江
   例(법식 예) → ﾉ ﾉ 亻 亻 亻 例 例 例

3. 가로획과 세로획이 겹칠 때는 가로획을 먼저 쓴다.
   用(쓸 용) → ﾉ 冂 月 月 用
   共(함께 공) → 一 十 卄 昔 共 共

4. 삐침과 파임이 만날 때는 삐침을 먼저 쓴다.
   人(사람 인) → ﾉ 人
   文(글월 문) → ｀ ﾞ ﾅ 文

5. 좌우가 대칭될 때에는 가운데를 먼저 쓴다.
   小(작을 소) → ﾉ 小 小
   承(받들 승) → ﾗ 了 子 予 承 承 承 承

6. 둘러 싼 모양으로 된 자는 바깥쪽을 먼저 쓴다.
   同(같을 동) → ﾉ 冂 冂 同 同 同
   病(병날 병) → ｀ ﾞ 广 广 广 疒 疒 病 病 病

7. 글자를 가로지르는 가로획은 나중에 긋는다.
   女(여자 녀) → ﾑ 女 女
   母(어미 모) → ﾑ 夕 夕 母 母

8. 글자 전체를 꿰뚫는 세로획은 나중에 쓴다.
   車(수레 거) → 一 ﾞ 冂 日 甫 車 車
   事(일 사) → 一 ﾞ 冂 日 亨 亨 事 事

8

9. 책받침(辶, 廴)은 나중에 쓴다.

　近(원근 근) → `丶 丆 斤 斤 近 近 近`

　建(세울 건) → `フ ㄱ ㅋ ㅋ ㅋ 聿 聿 建 建`

10. 오른쪽 위에 점이 있는 글자는 그 점을 나중에 찍는다.

　犬(개 견) → `一 ナ 大 犬`

　成(이룰 성) → `丿 厂 厂 成 成 成`

■ 한자의 기본 점(點)과 획(劃)

　(1) 점

　　① 「`丶`」: 왼점　　　　　　② 「`丶`」: 오른점

　　③ 「`丶`」: 오른 치킴　　　④ 「`丶`」: 오른점 삐침

　(2) 직선

　　⑤ 「`一`」: 가로긋기　　　⑥ 「`丨`」: 내리긋기

　　⑦ 「`一`」: 평갈고리　　　⑧ 「`丨`」: 왼 갈고리

　　⑨ 「`丶`」: 오른 갈고리

　(3) 곡선

　　⑩ 「`丿`」: 삐침　　　　　⑪ 「`丿`」: 치킴

　　⑫ 「`丶`」: 파임　　　　　⑬ 「`辶`」: 받침

　　⑭ 「`亅`」: 굽은 갈고리　⑮ 「`乀`」: 지게다리

　　⑯ 「`乁`」: 누운 지게다리　⑰ 「`乚`」: 새가슴

★ 부수의 짜임

1. 뜻 : 部(부)의 대표문자를 部首(부수)라 한다.

즉, 부수는 주로 漢字(한자)의 뜻과 소리를 나타낸다.

부수에 해당하는 한자가 다른 글자 속에 포함될 때는 글자의 모양이 변한다.

예)「水」가 왼쪽에 붙을 때는「氵」(삼수변)

　　「刀」가 오른쪽에 붙을 때는「刂」(칼도방)

2. 위치

(1) 邊(변) : 부수가 글자의 왼쪽에 있다.

　　　　　　예 女(여자 녀) → 姉(누이 자)　　妹(누이 매)

　　　　　　　　車(수레 거) → 轉(구를 전)　　輪(바퀴 륜)

(2) 傍, 旁(방) : 부수가 글자의 오른쪽에 있다.

　　　　　　예 彡(터럭 삼) → 形(형상 형)　　彩(무늬 채)

　　　　　　　　隹(새 추) → 雜(섞일 잡)　　難(어지러울 난)

(3) 頭(두 : 머리) : 부수가 글자의 위에 있다.

　　　　　　예 宀(갓머리) → 安(편안할 안)　　定(정할 정)

　　　　　　　　竹(대죽머리) → 筆(붓 필)　　策(꾀 책)

(4) 脚(각 : 발) : 부수가 글자의 밑에 있다.

　　　　　　예 灬(불화) → 照(비칠 조)　　熱(더울 열)

　　　　　　　　皿(그릇명밑) → 盛(성할 성)　　監(살필 감)

(5) 繞(요 : 받침) : 부수가 글자의 변과 발을 싸고 있다.

　　　　　　예 走(달아날 주) → 起(일어날 기)　　越(넘을 월)

　　　　　　　　辶(책받침) → 近(가까울 근)　　進(나갈 진)

(6) 垂(수 : 엄호) : 부수가 글자의 위와 왼쪽을 싸고 있다.

　　　　　　예 厂(민엄 호) → 原(근본 원)　　厚(후할 후)

　　　　　　　　广(엄 호) → 床(침상 상)　　度(법도 도)

(7) 構(구 : 몸) : 부수가 글자를 에워싸고 있다.

　　　　예 口(큰입구몸) → 國(나라 국)　　園(동산 원)

　　　　　　門(문문) → 閑(한가할 한)　　　間(사이 간)

(8) 제부수 : 글자 자체가 부수자인 것을 말한다.

　　　　예 一(한 일), 入(들 입), 色(빛 색), 面(낯 면)

　　　　　　高(높을 고), 麥(보리 맥), 鼓(북 고), 龍(용 용)

(9) 위치가 다양한 부수

　　心(심) : 左(왼쪽에 위치) － 性(성품 성)

　　　　　中(가운데 위치) － 愛(사랑 애) 優(근심 우)

　　　　　下(아래 위치) － 思(생각 사) 忠(충성 충)

　　口(구) : 左(왼쪽에 위치) － 呼(부를 호) 味(맛 미)

　　　　　內(안쪽에 위치) － 同(한가지 동) 句(구절 구)

　　　　　上(위쪽에 위치) － 品(물건 품) 單(홑 단)

　　　　　中(가운데 위치) － 哀(슬플 애) 喪(죽을 상)

　　※변형부수 : 亻, 忄, 阝, 月, ⺾, 爫, 衤, 辶, 車, 畠, 辶, 瑠, 氵, 滒, 巛, 魋, 歺, 癶, 蚉 등

3. 주요한 부수

(1) 人(인 : 사람과 관계 있다.) …… 位 · 休 · 信 · 佛 · 令

(2) 刀(도 : 칼붙이 · 베다와 관계 있다.) …… 刊 · 別 · 分 · 切 · 初

(3) 口(구 : 입다 · 먹다 · 마시다와 관계 있다.) …… 味 · 吸 · 唱 · 可 · 合

(4) 土(토 : 흙 · 지형과 관계 있다.) …… 地 · 場 · 型 · 基 · 垂

(5) 心(심 : 사람의 마음과 관계 있다.) …… 性 · 快 · 情 · 志 · 愛

(6) 手(수 : 손으로 하는 일과 관계 있다.) …… 打 · 投 · 持 · 承 · 才

(7) 水(수 : 물 · 강 · 액체와 관계 있다.) …… 河 · 池 · 永 · 泉 · 漢

(8) 火(화 : 불 · 빛 · 열과 관계 있다.) …… 燒 · 燈 · 燃 · 照 · 熱

(9) 糸(사 : 실 · 천과 관계 있다.) …… 紙 · 細 · 絹 · 系 · 素

(10) 艸(초 : 식물과 관계 있다.) …… 花 · 草 · 葉

(11) 雨(우 : 기상과 관계 있다.) …… 雲 · 雪 · 電 · 震 · 霜

大學之道 在明明德
대 학 지 도 재 명 명 덕

在新*民 在止於至善
재 신 민 재 지 어 지 선

대학의 도는 밝은 덕을 밝히는 데 있으며 백성을 새롭게 함에 있으며 지극한 선에 머무는 데 있다.

* 예기에 수록된 고본대학(古本大學)에는 親民이라고 되어 있지만, 이 책은 주희의 대학장구에 따라 新民으로 표시한다. 親, 新 논쟁은 유학사상사에서 대학의 성격을 규정하는 중요한 문제이다.

大	學	之	道	在	明	明	德	在	新	民	在
클 대	배울 학	갈 지	길 도	있을 재	밝을 명	밝을 명	클 덕	있을 재	새 신	백성 민	있을 재

止	於	至	善								
그칠 지	어조사 어	이를 지	착할 선								

대학 따라쓰기

知止而后有定 定而后能靜
지 지 이 후 유 정 정 이 후 능 정

靜而后能安 安而后能慮
정 이 후 능 안 안 이 후 능 려

慮而后能得
여 이 후 능 득

그침을 안 뒤에야 정함이 있고 정한 뒤에야 고요할 수 있고 고요한 뒤에야 편안할 수 있고 편안한 뒤에야 생각할 수 있고 생각한 뒤에야 얻을 수 있다.

知	止	而	后	有	定	定	而	后	能	靜	靜
알 지	그칠 지	말 이을 이	뒤 후	있을 유	정할 정	정할 정	말 이을 이	뒤 후	능할 능	고요할 정	고요할 정

而	后	能	安	安	而	后	能	慮	慮	而	后
말 이을 이	뒤 후	능할 능	편안 안	편안 안	말 이을 이	뒤 후	능할 능	생각할 려	생각할 려	말 이을 이	뒤 후

能	得										
능할 능	얻을 득										

대학 따라쓰기

物有本末 事有終始
물 유 본 말 사 유 종 시
知所先後 則近道矣
지 소 선 후 즉 근 도 의

사물에는 근본과 말단이 있고 일에는 끝과 시작이 있으니 먼저 해야 할 것과 나중에 해야 할 것을 알면 곧 도에 가깝다.

物	有	本	末	事	有	終	始	知	所	先	後
물건 물	있을 유	근본 본	끝 말	일 사	있을 유	마칠 종	비로소 시	알 지	바 소	먼저 선	뒤 후

則	近	道	矣								
곧 즉	가까울 근	길 도	어조사 의								

대학 따라쓰기

古之欲明明德於天下者
고 지 욕 명 명 덕 어 천 하 자

先治其國
선 치 기 국

欲治其國者 先齊其家
욕 치 기 국 자 선 제 기 가

예로부터 밝은 덕을 천하에 밝히려고 하는 자는 먼저 그 나라를 다스리
고 그 나라를 다스리려는 자는 먼저 그 집안을 가지런히 하고

古	之	欲	明	明	德	於	天	下	者	先	治
옛 고	갈 지	하고자 할 욕	밝을 명	밝을 명	클 덕	어조사 어	하늘 천	아래 하	놈 자	먼저 선	다스릴 치

其	國	欲	治	其	國	者	先	齊	其	家	
그 기	나라 국	하고자 할 욕	다스릴 치	그 기	나라 국	놈 자	먼저 선	가지런할 제	그 기	집 가	

대학 따라쓰기

15

欲齊其家者 先修其身
욕 제 기 가 자 선 수 기 신

欲修其身者 先正其心
욕 수 기 신 자 선 정 기 심

欲正其心者 先誠其意
욕 정 기 심 자 선 성 기 의

그 집안을 가지런히 하려는 자는 먼저 그 몸을 닦고 그 몸을 닦으려는
자는 먼저 그 마음을 바르게 하고 그 마음을 바르게 하려는 자는 먼저
그 뜻을 성실히 하고

欲	齊	其	家	者	先	修	其	身	欲	修	其
하고자 할 욕	가지런할 제	그 기	집 가	놈 자	먼저 선	닦을 수	그 기	몸 신	하고자 할 욕	닦을 수	그 기

身	者	先	正	其	心	欲	正	其	心	者	先
몸 신	놈 자	먼저 선	바를 정	그 기	마음 심	하고자 할 욕	바를 정	그 기	마음 심	놈 자	먼저 선

誠	其	意									
정성 성	그 기	뜻 의									

16

欲誠其意者 先致其知
욕 성 기 의 자 선 치 기 지

致知 在格物
치 지 재 격 물

그 뜻을 성실히 하려는 자는 먼저 그 아는 것을 지극히 하니 아는 것을
지극히 함은 사물의 이치를 구명함*에 있다.

＊格에 대한 해석 논쟁은 대학에서 심각한 주제이다. 주희는 格을 至(이를 지)로 주해하였다.

欲	誠	其	意	者	先	致	其	知	致	知	在
하고자 할 욕	정성 성	그 기	뜻 의	놈 자	먼저 선	이를 치	그 기	알 지	이를 치	알 지	있을 재

格	物
격식 격	물건 물

대학 따라쓰기

物格而后知至 知至而后意誠
물 격 이 후 지 지　지 지 이 후 의 성
意誠而后心正 心正而后身修
의 성 이 후 심 정　심 정 이 후 신 수

사물을 구명한 뒤에야 앎에 이르게 되고 앎에 이른 뒤에야 뜻이 성실해
지고 뜻이 성실해진 뒤에야 마음이 바르게 되고 마음이 바르게 된 뒤에
야 몸이 닦아지고

物	格	而	后	知	至	知	至	而	后	意	誠
물건 **물**	격식 **격**	말 이을 **이**	뒤 **후**	알 **지**	이를 **지**	알 **지**	이를 **지**	말 이을 **이**	뒤 **후**	뜻 **의**	정성 **성**

意	誠	而	后	心	正	心	正	而	后	身	修
뜻 **의**	정성 **성**	말 이을 **이**	뒤 **후**	마음 **심**	바를 **정**	마음 **심**	바를 **정**	말 이을 **이**	뒤 **후**	몸 **신**	닦을 **수**

대학 따라쓰기

身修而后家齊 家齊而后國治
신 수 이 후 가 제 가 제 이 후 국 치

國治而后天下平
국 치 이 후 천 하 평

몸이 닦아진 뒤에야 집안이 가지런해지고 집안이 가지런해진 뒤에야 나라가 다스려지고 나라가 다스려진 뒤에야 천하가 화평해진다.

身	修	而	后	家	齊	家	齊	而	后	國	治
몸 신	닦을 수	말 이을 이	뒤 후	집 가	가지런할 제	집 가	가지런할 제	말 이을 이	뒤 후	나라 국	다스릴 치

國	治	而	后	天	下	平					
나라 국	다스릴 치	말 이을 이	뒤 후	하늘 천	아래 하	평평할 평					

대학 따라쓰기

自天子 以至於庶人
자 천 자　이 지 어 서 인
壹是皆以修身爲本
일 시 개 이 수 신 위 본

천자로부터 서인에 이르기까지 한결같이 모두 몸을 닦는 것을 근본으로
삼는다.

自	天	子	以	至	於	庶	人	壹	是	皆	以
스스로 자	하늘 천	아들 자	써 이	이를 지	어조사 어	여러 서	사람 인	한 일	이 시	다 개	써 이

修	身	爲	本								
닦을 수	몸 신	할 위	근본 본								

대학 따라쓰기

其本亂而末治者否矣
기 본 난 이 말 치 자 부 의

其所厚者薄
기 소 후 자 박

而其所薄者厚 未之有也
이 기 소 박 자 후 미 지 유 야

그 근본이 어지러운데 말단이 다스려지는 경우는 없으며 그 두터이 할 것을 엷게 하고 그 엷게 할 것을 두터이 하는 경우도 있지 않다.

其	本	亂	而	末	治	者	否	矣	其	所	厚
그 기	근본 본	어지러울 난	말 이을 이	끝 말	다스릴 치	놈 자	아닐 부	어조사 의	그 기	바 소	두터울 후

者	薄	而	其	所	薄	者	厚	未	之	有	也
놈 자	엷을 박	말 이을 이	그 기	바 소	엷을 박	놈 자	두터울 후	아닐 미	갈 지	있을 유	어조사 야

대학 따라쓰기

康誥曰 克明德
강 고 왈 극 명 덕

太甲曰 顧諟天之明命
태 갑 왈 고 시 천 지 명 명

帝典曰 克明峻德 皆自明也
제 전 왈 극 명 준 덕 개 자 명 야

강고에 이르기를 훌륭히 덕을 밝힌다 하였고 태갑에 이르기를 이 하늘
의 밝은 명을 돌아본다 하였으며 제전에 이르기를 큰 덕을 밝힐 수 있다
하였으니 모두 스스로를 밝히는 것이다.

康	誥	曰	克	明	德	太	甲	曰	顧	諟	天
편안 강	고할 고	가로 왈	이길 극	밝을 명	클 덕	클 태	갑옷 갑	가로 왈	돌아볼 고	이 시	하늘 천

之	明	命	帝	典	曰	克	明	峻	德	皆	自
갈 지	밝을 명	목숨 명	임금 제	법 전	가로 왈	이길 극	밝을 명	높을 준	클 덕	다 개	스스로 자

明	也
밝을 명	어조사 야

대학 따라쓰기

湯之盤銘曰
팅 지 반 명 왈

苟日新 日日新 又日新
구 일 신 일 일 신 우 일 신

탕왕의 반명에 이르기를 진실로 날로 새로워지면 나날이 새로워지고 또 날로 새로워진다고 하였다.

湯	之	盤	銘	曰	苟	日	新	日	日	新	又
끓일 탕	갈 지	소반 반	새길 명	가로 왈	진실로 구	날 일	새 신	날 일	날 일	새 신	또 우

日	新										
날 일	새 신										

대학 따라쓰기

康誥曰 作新民
강 고 왈 작 신 민

詩曰 周雖舊邦 其命維新
시 왈 주 수 구 방 기 명 유 신

是故 君子 無所不用其極
시 고 군 자 무 소 불 용 기 극

강고에 이르기를 새로운 백성을 일으키라고 하였으며 시경에 이르기를 주나라는 비록 옛 나라이나 그 명은 새롭기만 하다고 하였다. 그러므로 군자는 그 지극함을 쓰지 않는 바가 없다.

康	誥	曰	作	新	民	詩	曰	周	雖	舊	邦
편안 강	고할 고	가로 왈	지을 작	새 신	백성 민	시 시	가로 왈	두루 주	비록 수	옛 구	나라 방

其	命	維	新	是	故	君	子	無	所	不	用
그 기	목숨 명	벼리 유	새 신	이 시	연고 고	임금 군	아들 자	없을 무	바 소	아닐 불	쓸 용

其	極										
그 기	극진할 극										

대학 따라쓰기

詩云 邦畿千里 惟民所止
시 운 방 기 천 리 유 민 소 지
詩云 緡蠻黃鳥 止于丘隅
시 운 민 만 황 조 지 우 구 우

시경에 이르기를 나라의 경계와 천리 안은 오직 백성들이 머무는 곳이라 하였다. 시경에 이르기를 예쁜 꾀꼬리여 언덕 모퉁이에 머무는구나 하였다.

詩	云	邦	畿	千	里	惟	民	所	止	詩	云
시 시	이를 운	나라 방	경기 기	일천 천	마을 리	생각할 유	백성 민	바 소	그칠 지	시 시	이를 운

緡	蠻	黃	鳥	止	于	丘	隅				
낚싯줄 민	오랑캐 만	누를 황	새 조	그칠 지	어조사 우	언덕 구	모퉁이 우				

대학 따라쓰기

25

子曰 於止 知其所止
자왈 어지 지기소지

可以人而不如鳥乎
가 이 인 이 불 여 조 호

공자가 말씀하시기를 새도 머무는 데 있어 그 머무를 곳을 아나니 가히
사람이면서 새보다 못할 수 있겠는가 하였다.

子	日	於	止	知	其	所	止	可	以	人	而
아들 자	가로 왈	어조사 어	그칠 지	알 지	그 기	바 소	그칠 지	옳을 가	써 이	사람 인	말 이을 이

不	如	鳥	乎								
아닐 불	같을 여	새 조	어조사 호								

대학 따라쓰기

詩云穆穆文王 於緝熙敬止
시 운 목 목 문 왕 오 집 희 경 지

爲人君 止於仁
위 인 군 지 어 인

爲人臣 止於敬
위 인 신 지 어 경

시경에 이르기를 훌륭하신 문왕이여, 끊임없이 공경하여 머무신다 하였으니 임금이 되어서는 인에 머물고 신하가 되어서는 공경함에 머물고

詩	云	穆	穆	文	王	於	緝	熙	敬	止	爲
시 시	이를 운	화목할 목	화목할 목	글월 문	임금 왕	탄식할 오	모을 집	빛날 희	공경 경	그칠 지	할 위

人	君	止	於	仁	爲	人	臣	止	於	敬
사람 인	임금 군	그칠 지	어조사 어	어질 인	할 위	사람 인	신하 신	그칠 지	어조사 어	공경 경

대학 따라쓰기

爲人子 止於孝
위 인 자 지 어 효

爲人父 止於慈
위 인 부 지 어 자

與國人交 止於信
여 국 인 교 지 어 신

자식이 되어서는 효에 머물고 부모가 되어서는 자애로움에 머물고 나라
사람과 사귐에는 신의에 머무셨다.

爲	人	子	止	於	孝	爲	人	父	止	於	慈
할 위	사람 인	아들 자	그칠 지	어조사 어	효도 효	할 위	사람 인	아버지 부	그칠 지	어조사 어	사랑 자

與	國	人	交	止	於	信					
더불 여	나라 국	사람 인	사귈 교	그칠 지	어조사 어	믿을 신					

대학 따라쓰기

詩云 瞻彼淇澳
시 운 첨 피 기 욱

菉竹猗猗 有斐君子
녹 죽 의 의 유 비 군 자

如切如磋 如琢如磨
여 절 여 차 여 탁 여 마

시경에 이르기를 저 기수의 후미를 바라보니 푸른 대나무가 무성하다. 의 젓하신 군자여, 깎은 듯하고 다듬은 듯하며 쪼은 듯하고 갈아낸 듯하다.

詩	云	瞻	彼	淇	澳	菉	竹	猗	猗	有	斐
시 시	이를 운	볼 첨	저 피	물 이름 기	후미 욱	조개풀 녹	대 죽	불깐 개 의	불깐 개 의	있을 유	문채날 비

君	子	如	切	如	磋	如	琢	如	磨		
임금 군	아들 자	같을 여	끊을 절	같을 여	갈 차	같을 여	다듬을 탁	같을 여	갈 마		

대학 따라쓰기

29

瑟兮僩兮 赫兮喧兮

슬 혜 한 혜 혁 혜 훤 혜

有斐君子 終不可諠兮

유 비 군 자 종 불 가 훤 혜

如切如磋者 道學也

여 절 여 차 자 도 학 야

점잖고도 위엄 있으며 훤하고도 뚜렷하니 의젓하신 군자여, 끝내 잊을 수 없도다. 깎은 듯하고 다듬은 듯하다는 것은 도의 학문이다.

瑟	兮	僩	兮	赫	兮	喧	兮	有	斐	君	子
큰거문고 슬	어조사 혜	굳셀 한	어조사 혜	빛날 혁	어조사 혜	지껄일 훤	어조사 혜	있을 유	문채날 비	임금 군	아들 자

終	不	可	諠	兮	如	切	如	磋	者	道	學
마칠 종	아닐 불	옳을 가	잊을 훤	어조사 혜	같을 여	끊을 절	같을 여	갈 차	놈 자	길 도	배울 학

也											
어조사 야											

대학 따라쓰기

如琢如磨者 自修也
여 탁 여 마 자 자 수 야
瑟兮僩兮者 恂慄也
슬 혜 한 혜 자 순 률 야

다듬은 듯하고 갈아낸 듯하다는 것은 스스로 닦음이다. 점잖고도 위엄이 있다는 것은 엄하고도 빈틈이 없다는 것이다.

如	琢	如	磨	者	自	修	也	瑟	兮	僩	兮
같을 여	다듬을 탁	같을 여	갈 마	놈 자	스스로 자	닦을 수	어조사 야	큰거문고 슬	어조사 혜	굳셀 한	어조사 혜

者	恂	慄	也								
놈 자	정성 순	떨릴 률	어조사 야								

대학 따라쓰기

赫兮喧兮者 威儀也
혁 혜 훤 혜 자 위 의 야

有斐君子終不可諠兮者
유 비 군 자 종 불 가 훤 혜 자

道盛德至善 民之不能忘也
도 성 덕 지 선 민 지 불 능 망 야

훤하고도 뚜렷하다는 것은 위의이고 훌륭한 군자를 끝내 잊을 수 없다는
것은 성대한 덕과 지극한 선을 백성들이 잊을 수 없음을 말한 것이다.

赫	兮	喧	兮	者	威	儀	也	有	斐	君	子
빛날 혁	어조사 혜	지껄일 훤	어조사 혜	놈 자	위엄 위	거동 의	어조사 야	있을 유	문채날 비	임금 군	아들 자

終	不	可	諠	兮	者	道	盛	德	至	善	民
마칠 종	아닐 불	옳을 가	잊을 훤	어조사 혜	놈 자	길 도	성할 성	클 덕	이를 지	착할 선	백성 민

之	不	能	忘	也							
갈 지	아닐 불	능할 능	잊을 망	어조사 야							

대학 따라쓰기

詩云 於戲 前王不忘
시 운 오 호 전 왕 불 망

君子 賢其賢而親其親
군 자 현 기 현 이 친 기 친

小人 樂其樂而利其利
소 인 낙 기 락 이 이 기 리

此以沒世不忘也
차 이 몰 세 불 망 야

시경에 이르기를 아아, 앞서간 왕을 잊지 못한다 하였으니 군자는 어진 이를 어질다 하며 친한 이를 친하게 하고 소인은 그 즐거움을 즐기고 그 이익을 취하니 이 때문에 세상을 떠나도 잊지 못하는 것이다.

詩	云	於	戲	前	王	不	忘	君	子	賢	其
시 시	이를 운	탄식할 오	탄식할 호	앞 전	임금 왕	아닐 불	잊을 망	임금 군	아들 자	어질 현	그 기

賢	而	親	其	親	小	人	樂	其	樂	而	利
어질 현	말 이을 이	친할 친	그 기	친할 친	작을 소	사람 인	즐길 낙	그 기	즐길 락	말 이을 이	이로울 이

其	利	此	以	沒	世	不	忘	也			
그 기	이로울 리	이 차	써 이	빠질 몰	인간 세	아닐 불	잊을 망	어조사 야			

子曰 聽訟 吾猶人也
자 왈 청 송 오 유 인 야

必也使無訟乎
필 야 사 무 송 호

공자께서 말씀하시기를 송사를 처리함에 있어 나도 남과 같으나 반드시
송사가 없게 만들고자 한다고 하였다.

子	日	聽	訟	吾	猶	人	也	必	也	使	無
아들 자	가로 왈	들을 청	송사할 송	나 오	오히려 유	사람 인	어조사 야	반드시 필	어조사 야	하여금 사	없을 무

訟	乎										
송사할 송	어조사 호										

대학 따라쓰기

無情者不得盡其辭
무 정 자 부 득 진 기 사

大畏民志 此謂知本
대 외 민 지 차 위 지 본

此謂知之至也
차 위 지 지 지 야

진실함이 없는 자가 그 말을 다하지 못하는 것은 백성들의 뜻을 크게 두려워하기 때문이니 이것을 일러 근본을 안다는 것이고 지식이 지극하다는 것이다.

無	情	者	不	得	盡	其	辭	大	畏	民	志
없을 무	뜻 정	놈 자	아닐 부	얻을 득	다할 진	그 기	말씀 사	클 대	두려워할 외	백성 민	뜻 지

此	謂	知	本	此	謂	知	之	至	也		
이 차	이를 위	알 지	근본 본	이 차	이를 위	알 지	갈 지	이를 지	어조사 야		

대학 따라쓰기

所謂致知在格物者
소 위 치 지 재 격 물 자

言欲致吾之知
언 욕 치 오 지 지

在卽物而窮其理也
재 즉 물 이 궁 기 리 야

소위 앎에 이르게 하는 것이 사물을 구명함에 있다는 것은 나를 앎에 이르게 하고자 하면 사물에 나아가 그 이치를 궁구하여야 한다는 데 있음을 말한 것이다.

※ 이 글은 주희가 정자의 글을 취하여 빠진 부분을 보충한 글이라고 대학장구에 기록되었다.

所	謂	致	知	在	格	物	者	言	欲	致	吾
바 소	이를 위	이를 치	알 지	있을 재	격식 격	물건 물	놈 자	말씀 언	하고자 할 욕	이를 치	나 오

之	知	在	卽	物	而	窮	其	理	也		
갈 지	알 지	있을 재	곧 즉	물건 물	말 이을 이	다할 궁	그 기	다스릴 리	어조사 야		

대학 따라쓰기

盖人心之靈莫不有知
개 인 심 지 령 막 불 유 지

而天下之物莫不有理
이 천 하 지 물 막 불 유 리

惟於理有未窮
유 어 리 유 미 궁

故其知有不盡也
고 기 지 유 부 진 야

대개 사람의 마음이 신령스러워 알지 못할 것이 없고 천하의 만물이 이치가 없는 것이 없지만 다만 이치를 궁구하지 못한 까닭에 그 앎이 다하지 못함이 있는 것이다.

盖	人	心	之	靈	莫	不	有	知	而	天	下
덮을 개	사람 인	마음 심	갈 지	신령 령	없을 막	아닐 불	있을 유	알 지	말 이을 이	하늘 천	아래 하

之	物	莫	不	有	理	惟	於	理	有	未	窮
갈 지	물건 물	없을 막	아닐 불	있을 유	다스릴 리	생각할 유	어조사 어	다스릴 리	있을 유	아닐 미	다할 궁

故	其	知	有	不	盡	也					
연고 고	그 기	알 지	있을 유	아닐 부	다할 진	어조사 야					

是以大學始教
시 이 대 학 시 교

必使學者卽凡天下之物
필 사 학 자 즉 범 천 하 지 물

莫不因其已知之理而益窮之
막 불 인 기 이 지 지 리 이 익 궁 지

以求至乎其極
이 구 지 호 기 극

이런 까닭으로 대학의 처음 가르침은 반드시 배우는 사람으로 하여금 모든 천하의 사물에 대해 이미 그 아는 이치를 가지고 한층 더 깊이 궁구하도록 하여 이로써 가장 높고 깊은 경지에까지 도달하게 함이다.

是	以	大	學	始	教	必	使	學	者	卽	凡
이 시	써 이	클 대	배울 학	비로소 시	가르칠 교	반드시 필	하여금 사	배울 학	놈 자	곧 즉	무릇 범

天	下	之	物	莫	不	因	其	已	知	之	理
하늘 천	아래 하	갈 지	물건 물	없을 막	아닐 불	인할 인	그 기	이미 이	알 지	갈 지	다스릴 리

而	益	窮	之	以	求	至	乎	其	極		
말 이을 이	더할 익	다할 궁	갈 지	써 이	구할 구	이를 지	어조사 호	그 기	극진할 극		

대학 따라쓰기

至於用力之久
지 어 용 력 지 구

而一旦豁然貫通焉
이 일 단 활 연 관 통 언

則衆物之表裏精粗無不到
즉 중 물 지 표 리 정 조 무 부 도

而吾心之全體大用無不明矣
이 오 심 지 전 체 대 용 무 불 명 의

힘을 쓰는 것이 오래되어 일단 활연관통에 이르면 곧 모든 사물의 겉과 속과 정밀함과 거침에 이르지 않는 것이 없고 내 마음의 전체를 크게 사용함에 밝지 않은 것이 없다.

至	於	用	力	之	久	而	一	旦	豁	然	貫
이를 지	어조사 어	쓸 용	힘 력	갈 지	오랠 구	말 이을 이	한 일	아침 단	뚫린 골짜기 활	그럴 연	꿸 관

通	焉	則	衆	物	之	表	裏	精	粗	無	不
통할 통	어찌 언	곧 즉	무리 중	물건 물	갈 지	겉 표	속 리	정할 정	거칠 조	없을 무	아닐 부

到	而	吾	心	之	全	體	大	用	無	不	明
이를 도	말 이을 이	나 오	마음 심	갈 지	온전할 전	몸 체	클 대	쓸 용	없을 무	아닐 불	밝을 명

矣											
어조사 의											

此謂物格
차 위 물 격

此謂知之至也
차 위 지 지 지 야

이것을 일러 사물이 구명된다 하며 이것을 일러 앎의 지극함이라고 한다.

此	謂	物	格	此	謂	知	之	至	也		
이 차	이를 위	물건 물	격식 격	이 차	이를 위	알 지	갈 지	이를 지	어조사 야		

대학 따라쓰기

所謂誠其意者 毋自欺也
소 위 성 기 의 자 무 자 기 야

如惡惡臭 如好好色
여 오 악 취 여 호 호 색

此之謂自謙
차 지 위 자 겸

이른바 그 뜻을 성실하게 한다는 것은 스스로를 속이지 않는 것이니 나쁜 냄새를 미워함과 같으며 여색을 좋아함과 같은 것이다. 이러한 것을 일컬어 스스로 겸손해짐이라 한다.

所	謂	誠	其	意	者	毋	自	欺	也	如	惡
바 소	이를 위	정성 성	그 기	뜻 의	놈 자	말 무	스스로 자	속일 기	어조사 야	같을 여	미워할 오

惡	臭	如	好	好	色	此	之	謂	自	謙	
악할 악	냄새 취	같을 여	좋을 호	좋을 호	빛 색	이 차	갈 지	이를 위	스스로 자	겸손할 겸	

대학 따라쓰기

故 君子
고　　군　자

必 愼 其 獨 也
필　신　기　독　야

그러므로 군자는 반드시 그 홀로 삼간다.

故	君	子	必	愼	其	獨	也				
연고 고	임금 군	아들 자	반드시 필	삼갈 신	그 기	홀로 독	어조사 야				

小人閒居 爲不善
소 인 한 거 위 불 선

無所不至 見君子而后
무 소 부 지 견 군 자 이 후

厭然揜其不善 而著其善
암 연 엄 기 불 선 이 저 기 선

소인이 한가하게 있을 때에 선하지 못한 짓을 하여 이르지 않는 바가 없다가 군자를 본 뒤에는 슬며시 그 선하지 못함을 가리고 그 선함을 드러내려 한다.

小	人	閒	居	爲	不	善	無	所	不	至	見
작을 소	사람 인	한가할 한	살 거	할 위	아닐 불	착할 선	없을 무	바 소	아닐 부	이를 지	볼 견

君	子	而	后	厭	然	揜	其	不	善	而	著
임금 군	아들 자	말 이을 이	뒤 후	빠질 암	그럴 연	가릴 엄	그 기	아닐 불	착할 선	말 이을 이	나타날 저

其	善										
그 기	착할 선										

대학 따라쓰기

人之視己如見其肺肝然
인 지 시 기 여 견 기 폐 간 연

則何益矣 此謂誠於中
즉 하 익 의 차 위 성 어 중

形於外 故 君子 必愼其獨也
형 어 외 고 군 자 필 신 기 독 야

사람들이 자기를 봄이 마치 그 폐와 간을 봄과 같으면 무슨 유익됨이 있겠는가. 이를 마음속 정성스러움이 밖으로 나타난다고 이르는 것이다. 그러므로 군자는 반드시 그 홀로 삼간다.

人	之	視	己	如	見	其	肺	肝	然	則	何
사람 인	갈 지	볼 시	몸 기	같을 여	볼 견	그 기	허파 폐	간 간	그럴 연	곧 즉	어찌 하

益	矣	此	謂	誠	於	中	形	於	外	故	君
더할 익	어조사 의	이 차	이를 위	정성 성	어조사 어	가운데 중	모양 형	어조사 어	바깥 외	연고 고	임금 군

子	必	愼	其	獨	也						
아들 자	반드시 필	삼갈 신	그 기	홀로 독	어조사 야						

대학 따라쓰기

曾子曰 十目所視

증 자 왈 십 목 소 시

十手所指 其嚴乎

십 수 소 지 기 엄 호

富潤屋 德潤身 心廣體胖

부 윤 옥 덕 윤 신 심 광 체 반

증자가 이르기를 열 눈이 보는 바이고 열 손이 가리키는 바이니 그 엄중함이여! 부유함은 집을 윤택하게 하고 덕성은 몸을 윤택하게 하니 마음이 넓어지고 몸이 펴진다.

曾	子	曰	十	目	所	視	十	手	所	指	其
일찍 증	아들 자	가로 왈	열 십	눈 목	바 소	볼 시	열 십	손 수	바 소	가리킬 지	그 기

嚴	乎	富	潤	屋	德	潤	身	心	廣	體	胖
엄할 엄	어조사 호	부유할 부	불을 윤	집 옥	클 덕	불을 윤	몸 신	마음 심	넓을 광	몸 체	클 반

대학 따라쓰기

45

故 君子 必誠其意
고 군 자 필 성 기 의

그러므로 군자는 반드시 그 뜻을 정성되게 한다.

故	君	子	必	誠	其	意				
연고 고	임금 군	아들 자	반드시 필	정성 성	그 기	뜻 의				

所謂修身 在正其心者
소 위 수 신 　 재 정 기 심 자

身有所忿懥 則不得其正
신 유 소 분 치 　 즉 부 득 기 정

有所恐懼 則不得其正
유 소 공 구 　 즉 부 득 기 정

有所好樂 則不得其正
유 소 호 요 　 즉 부 득 기 정

有所憂患 則不得其正
유 소 우 환 　 즉 부 득 기 정

이른바 몸을 닦음이 그 마음을 바르게 함에 있다는 것은 자신에게 노여워하는 바가 있으면 곧 그 바름을 얻지 못하고, 두려워하는 바가 있으면 곧 그 바름을 얻지 못하고, 좋아하고 즐기는 바가 있으면 곧 그 바름을 얻지 못하고, 근심하는 바가 있으면 곧 그 바름을 얻지 못하는 것이다.

所	謂	修	身	在	正	其	心	者	身	有	所
바 소	이를 위	닦을 수	몸 신	있을 재	바를 정	그 기	마음 심	놈 자	몸 신	있을 유	바 소

忿	懥	則	不	得	其	正	有	所	恐	懼	則
성낼 분	성낼 치	곧 즉	아닐 부	얻을 득	그 기	바를 정	있을 유	바 소	두려울 공	두려워할 구	곧 즉

不	得	其	正	有	所	好	樂	則	不	得	其
아닐 부	얻을 득	그 기	바를 정	있을 유	바 소	좋을 호	좋아할 요	곧 즉	아닐 부	얻을 득	그 기

正	有	所	憂	患	則	不	得	其	正		
바를 정	있을 유	바 소	근심 우	근심 환	곧 즉	아닐 부	얻을 득	그 기	바를 정		

대학 따라쓰기

47

心不在焉 視而不見
심 부 재 언 　 시 이 불 견

聽而不聞 食而不知其味
청 이 불 문 　 식 이 부 지 기 미

此謂修身 在正其心
차 위 수 신 　 재 정 기 심

마음이 있지 아니하면 보아도 보이지 않으며 들어도 들리지 않으며 먹어도 그 맛을 알지 못한다. 이를 일러 몸을 닦음이 그 마음을 바르게 함에 있다고 하는 것이다.

心	不	在	焉	視	而	不	見	聽	而	不	聞
마음 심	아닐 부	있을 재	어찌 언	볼 시	말 이을 이	아닐 불	볼 견	들을 청	말 이을 이	아닐 불	들을 문

食	而	不	知	其	味	此	謂	修	身	在	正
밥 식	말 이을 이	아닐 부	알 지	그 기	맛 미	이 차	이를 위	닦을 수	몸 신	있을 재	바를 정

其	心										
그 기	마음 심										

대학 따라쓰기

所謂齊其家在修其身者
소 위 제 기 가 재 수 기 신 자

人之其所親愛而辟焉
인 지 기 소 친 애 이 벽 언

之其所賤惡而辟焉
지 기 소 천 오 이 벽 언

之其所畏敬而辟焉
지 기 소 외 경 이 벽 언

之其所哀矜而辟焉
지 기 소 애 긍 이 벽 언

之其所敖惰而辟焉
지 기 소 오 타 이 벽 언

이른바 그 집안을 가지런히 함이 그 몸을 닦는 데 있다고 하는 것은 사람은 가까이하고 사랑하는 것에 편벽되며 그가 천하게 여기고 미워하는 것에 편벽되며 그가 두려워하고 공경하는 것에 편벽되며 그가 애처롭고 불쌍히 여기는 것에 편벽되며 그가 오만하게 대하고 게을리하는 것에 편벽된다는 것이다.

所	謂	齊	其	家	在	修	其	身	者	人	之
바 소	이를 위	가지런할 제	그 기	집 가	있을 재	닦을 수	그 기	몸 신	놈 자	사람 인	갈 지

其	所	親	愛	而	辟	焉	之	其	所	賤	惡
그 기	바 소	친할 친	사랑 애	말 이을 이	편벽될 벽	어찌 언	갈 지	그 기	바 소	천할 천	미워할 오

而	辟	焉	之	其	所	畏	敬	而	辟	焉	之
말 이을 이	편벽될 벽	어찌 언	갈 지	그 기	바 소	두려워할 외	공경 경	말 이을 이	편벽될 벽	어찌 언	갈 지

其	所	哀	矜	而	辟	焉	之	其	所	敖	惰
그 기	바 소	슬플 애	자랑할 긍	말 이을 이	편벽될 벽	어찌 언	갈 지	그 기	바 소	거만할 오	게으를 타

而	辟	焉
말 이을 이	편벽될 벽	어찌 언

故 好而知其惡
고 호 이 지 기 악

惡而知其美者天下 鮮矣
오 이 지 기 미 자 천 하 선 의

그러므로 좋아하되 그 악함을 알며 미워하되 그 아름다움을 아는 사람은 천하에 드물다.

故	好	而	知	其	惡	惡	而	知	其	美	者
연고 고	좋을 호	말 이을 이	알 지	그 기	악할 악	미워할 오	말 이을 이	알 지	그 기	아름다울 미	놈 자

天	下	鮮	矣								
하늘 천	아래 하	드물 선	어조사 의								

故 諺有之 曰
고　　언　유　지　　왈
人莫知其子之惡
인　막　지　기　자　지　악
莫知其苗之碩
막　지　기　묘　지　석

그러므로 속담에 이런 말이 있다. "사람은 자기 자식의 악함을 알지 못하며 그 곡식 싹이 큰 줄을 알지 못한다."

故	諺	有	之	曰	人	莫	知	其	子	之	惡
연고 고	속담 언	있을 유	갈 지	가로 왈	사람 인	없을 막	알 지	그 기	아들 자	갈 지	악할 악

莫	知	其	苗	之	碩						
없을 막	알 지	그 기	모 묘	갈 지	클 석						

대학 따라쓰기

此謂身不修
차 위 신 불 수

不可以齊其家
불 가 이 제 기 가

이것은 몸을 닦지 않으면 그 집안을 가지런히 할 수 없음을 말하는 것이다.

此	謂	身	不	修	不	可	以	齊	其	家	
이 차	이를 위	몸 신	아닐 불	닦을 수	아닐 불	옳을 가	써 이	가지런할 제	그 기	집 가	

대학 따라쓰기

所謂治國 必先齊其家者
소 위 치 국 필 선 제 기 가 자

其家不可教而能教人者
기 가 불 가 교 이 능 교 인 자

無之
무 지

이른바 나라를 다스림에 반드시 먼저 그 집안을 가지런히 하여야 한다는 것은 그 집안을 가르치지 못하면서 남을 가르칠 수 있는 사람은 없기 때문이다.

所	謂	治	國	必	先	齊	其	家	者	其	家
바 소	이를 위	다스릴 치	나라 국	반드시 필	먼저 선	가지런할 제	그 기	집 가	놈 자	그 기	집 가

不	可	教	而	能	教	人	者	無	之
아닐 불	옳을 가	가르칠 교	말 이을 이	능할 능	가르칠 교	사람 인	놈 자	없을 무	갈 지

대학 따라쓰기

53

故 君 子
고 군 자

不出家而成敎於國
불 출 가 이 성 교 어 국

그러므로 군자는 집을 나서지 않고도 나라에 가르침을 이루는 것이다.

故	君	子	不	出	家	而	成	敎	於	國	
연고 고	임금 군	아들 자	아닐 불	날 출	집 가	말 이을 이	이룰 성	가르칠 교	어조사 어	나라 국	

대학 따라쓰기

孝者 所以事君也
효 자 소 이 사 군 야

弟者 所以事長也
제 자 소 이 사 장 야

慈者 所以使衆也
자 자 소 이 사 중 야

효도는 임금을 섬기는 방법이 되고 제는 어른을 섬기는 방법이 되고 자애는 백성을 섬기는 방법이 된다.

孝	者	所	以	事	君	也	弟	者	所	以	事
효도 효	놈 자	바 소	써 이	일 사	임금 군	어조사 야	아우 제	놈 자	바 소	써 이	일 사

長	也	慈	者	所	以	使	衆	也			
어른 장	어조사 야	사랑 자	놈 자	바 소	써 이	부릴 사	무리 중	어조사 야			

대학 따라쓰기

康誥曰 如保赤子
강 고 왈　여 보 적 자

心誠求之 雖不中 不遠矣
심 성 구 지　수 부 중　불 원 의

未有學養子而后嫁者也
미 유 학 양 자 이 후 가 자 야

강고에 이르기를 갓난아이를 보호하듯 하라고 하였으니 마음으로 정성되이 구하면 비록 들어맞지는 않으나 멀지는 않을 것이다. 자식 기르는 것을 배운 뒤에 시집가는 사람은 있지 아니하다.

康	誥	曰	如	保	赤	子	心	誠	求	之	雖
편안 강	고할 고	가로 왈	같을 여	지킬 보	붉을 적	아들 자	마음 심	정성 성	구할 구	갈 지	비록 수

不	中	不	遠	矣	未	有	學	養	子	而	后
아닐 부	가운데 중	아닐 불	멀 원	어조사 의	아닐 미	있을 유	배울 학	기를 양	아들 자	말 이을 이	뒤 후

嫁	者	也									
시집갈 가	놈 자	어조사 야									

대학 따라쓰기

一家仁 一國興仁 一家讓
일 가 인 일 국 흥 인 일 가 양

一國興讓 一人貪戾
일 국 흥 양 일 인 탐 려

一國作亂 其機如此
일 국 작 란 기 기 여 차

한 집안이 어질면 한 나라에 어짊이 일어나고 한 집안이 겸양하면 한 나라에 겸양함이 일어나며 한 사람이 자기 이익만을 탐하면 한 나라가 어지러움을 일으키나니 그 기틀이 이와 같다.

一	家	仁	一	國	興	仁	一	家	讓	一	國
한 일	집 가	어질 인	한 일	나라 국	일 흥	어질 인	한 일	집 가	사양할 양	한 일	나라 국

興	讓	一	人	貪	戾	一	國	作	亂	其	機
일 흥	사양할 양	한 일	사람 인	탐낼 탐	어그러질 려	한 일	나라 국	지을 작	어지러울 란	그 기	틀 기

如	此
같을 여	이 차

대학 따라쓰기

此謂一言僨事
차 위 일 언 분 사

一人定國
일 인 정 국

이것을 한마디 말이 일을 그르치고 한 사람이 나라를 안정시킨다고 말하는 것이다.

此	謂	一	言	僨	事	一	人	定	國		
이 차	이를 위	한 일	말씀 언	넘어질 분	일 사	한 일	사람 인	정할 정	나라 국		

대학 따라쓰기

堯舜 帥天下以仁 而民從之
요 순 솔 천 하 이 인 이 민 종 지

桀紂帥天下以暴 而民從之
걸 주 솔 천 하 이 포 이 민 종 지

요임금과 순임금은 천하를 거느림에 인으로써 하셨는데 백성들이 그를 따랐고 걸왕과 주왕은 천하를 거느림에 폭악함으로써 하였는데 백성들은 그를 따랐다.

堯	舜	帥	天	下	以	仁	而	民	從	之	桀
요임금 요	순임금 순	거느릴 솔	하늘 천	아래 하	써 이	어질 인	말 이을 이	백성 민	좇을 종	갈 지	홰 걸

紂	帥	天	下	以	暴	而	民	從	之		
주임금 주	거느릴 솔	하늘 천	아래 하	써 이	사나울 포	말 이을 이	백성 민	좇을 종	갈 지		

대학 따라쓰기

其所令 反其所好 而民不從
기 소 령　반 기 소 호　이 민 부 종

是故 君子有諸己而後求諸人
시 고　군 자 유 저 기 이 후 구 저 인

無諸己而後非諸人
무 저 기 이 후 비 저 인

그 명령하는 바가 그가 좋아하는 바에 반대된다면 백성들은 따르지 않는다. 그러므로 군자는 자기에게 그것이 있은 뒤에야 남에게 그것을 구하며, 자기에게 그것이 없어진 뒤에야 남에게 그것을 비난한다.

其	所	令	反	其	所	好	而	民	不	從	是
그 기	바 소	하여금 령	돌이킬 반	그 기	바 소	좋을 호	말 이을 이	백성 민	아닐 부	좇을 종	이 시

故	君	子	有	諸	己	而	後	求	諸	人	無
연고 고	임금 군	아들 자	있을 유	어조사 저	몸 기	말 이을 이	뒤 후	구할 구	어조사 저	사람 인	없을 무

諸	己	而	後	非	諸	人					
어조사 저	몸 기	말 이을 이	뒤 후	아닐 비	어조사 저	사람 인					

대학 따라쓰기

所藏乎身 不恕
소 장 호 신 불 서
而能喻諸人者 未之有也
이 능 유 저 인 자 미 지 유 야

몸에 간직하고 있는 것이 미루어 남에게 미치지 못하면서 능히 남을 깨우칠 수 있는 사람은 있지 않다.

所	藏	乎	身	不	恕	而	能	喻	諸	人	者
바 소	감출 장	어조사 호	몸 신	아닐 불	용서할 서	말 이을 이	능할 능	깨우칠 유	어조사 저	사람 인	놈 자

未	之	有	也								
아닐 미	갈 지	있을 유	어조사 야								

대학 따라쓰기

故 治 國
고　치　국

在齊其家
재　제　기　가

그러므로 나라를 다스림은 그 집안을 가지런히 함에 있다.

故	治	國	在	齊	其	家				
연고 고	다스릴 치	나라 국	있을 재	가지런할 제	그 기	집 가				

대학 따라쓰기

詩云 桃之夭夭 其葉蓁蓁
시운 도지요요 기엽진진

之子于歸 宜其家人
지자우귀 의기가인

宜其家人而后 可以敎國人
의기가인이후 가이교국인

시경에 이르기를 복숭아나무의 싱싱함이여, 그 잎이 무성하구나. 아가씨가 시집을 가니 그 집안사람을 화합케 하리라고 하였다. 그 집안사람들을 화합케 한 뒤라야 나라 사람들을 가르칠 수 있다.

詩	云	桃	之	夭	夭	其	葉	蓁	蓁	之	子
시 시	이를 운	복숭아 도	갈 지	어릴 요	어릴 요	그 기	잎 엽	우거질 진	우거질 진	갈 지	아들 자

于	歸	宜	其	家	人	宜	其	家	人	而	后
어조사 우	돌아갈 귀	마땅 의	그 기	집 가	사람 인	마땅 의	그 기	집 가	사람 인	말 이을 이	뒤 후

可	以	敎	國	人							
옳을 가	써 이	가르칠 교	나라 국	사람 인							

대학 따라쓰기

詩云 宜兄宜弟
시 운　의 형 의 제

宜兄宜弟而后 可以敎國人
의 형 의 제 이 후　가 이 교 국 인

시경에 또 이르기를 형과 아우를 화합케 한다고 하였으니 형과 아우가
화합한 뒤에야 나라 사람들을 가르칠 수 있다.

詩	云	宜	兄	宜	弟	宜	兄	宜	弟	而	后
시 시	이를 운	마땅 의	형 형	마땅 의	아우 제	마땅 의	형 형	마땅 의	아우 제	말 이을 이	뒤 후

可	以	敎	國	人							
옳을 가	써 이	가르칠 교	나라 국	사람 인							

대학 따라쓰기

詩云 其儀不忒 正是四國
시 운 기 의 불 특 정 시 사 국

其爲父子兄弟足法而后
기 위 부 자 형 제 족 법 이 후

民法之也
민 법 지 야

시경에 이르기를 그 위의가 어긋남이 없으니 이 사방의 나라를 바로잡는구나라고 하였으니 그 부자와 형제가 되어 족히 본받을 만한 뒤에라야 백성들이 그를 본받는 것이다.

詩	云	其	儀	不	忒	正	是	四	國	其	爲
시 시	이를 운	그 기	거동 의	아닐 불	틀릴 특	바를 정	이 시	넉 사	나라 국	그 기	할 위

父	子	兄	弟	足	法	而	后	民	法	之	也
아버지 부	아들 자	형 형	아우 제	발 족	법 법	말 이을 이	뒤 후	백성 민	법 법	갈 지	어조사 야

대학 따라쓰기

此謂治國 在齊其家

차 위 치 국 재 제 기 가

이것을 나라를 다스림이 그 집을 가지런히 함에 있다고 하는 것이다.

此	謂	治	國	在	齊	其	家			
이 차	이를 위	다스릴 치	나라 국	있을 재	가지런할 제	그 기	집 가			

所謂平天下在治其國者

소 위 평 천 하 재 치 기 국 자

上老老而民興孝

상 로 로 이 민 흥 효

上長長而民興弟

상 장 장 이 민 흥 제

上恤孤而民不倍

상 휼 고 이 민 불 배

是以 君子有絜矩之道也

시 이 군 자 유 혈 구 지 도 야

이른바 천하를 화평케 함이 그 나라를 다스림에 있다는 것은 위에서 노인을 노인으로 대접하면 백성들이 효도를 일으키고 위에서 어른을 어른으로 대접하면 백성들이 공손함을 일으키며 위에서 외로운 이들을 불쌍히 여기면 백성들이 배반하지 않는다. 그러므로 군자는 '혈구지도*'를 지니는 것이다.

* 혈구지도(絜矩之道) : 자기를 척도로 삼아 남을 생각하고 살펴서 바른길로 향하게 하는 도덕상의 길을 말한다.

所	謂	平	天	下	在	治	其	國	者	上	老
바 소	이를 위	평평할 평	하늘 천	아래 하	있을 재	다스릴 치	그 기	나라 국	놈 자	윗 상	늙을 로

老	而	民	興	孝	上	長	長	而	民	興	弟
늙을 로	말 이을 이	백성 민	일 흥	효도 효	윗 상	길 장	길 장	말 이을 이	백성 민	일 흥	아우 제

上	恤	孤	而	民	不	倍	是	以	君	子	有
윗 상	불쌍할 휼	외로울 고	말 이을 이	백성 민	아닐 불	곱 배	이 시	써 이	임금 군	아들 자	있을 유

絜	矩	之	道	也							
헤아릴 혈	모날 구	갈 지	길 도	어조사 야							

대학 따라쓰기

所惡於上 毋以使下
소 오 어 상 무 이 사 하

所惡於下 毋以事上
소 오 어 하 무 이 사 상

所惡於前 毋以先後
소 오 어 전 무 이 선 후

所惡於後 毋以從前
소 오 어 후 무 이 종 전

所惡於右 毋以交於左
소 오 어 우 무 이 교 어 좌

所惡於左 毋以交於右
소 오 어 좌 무 이 교 어 우

此之謂絜矩之道
차 지 위 혈 구 지 도

위에서 싫어하는 바로써 아래를 부리지 않으며, 아래서 싫어하는 바로써 위를 섬기지 않으며, 앞에서 싫어하는 바로써 뒤에 먼저 하지를 않으며, 뒤에서 싫어하는 바로써 앞에 따라하지 않으며, 오른편에서 싫어하는 바로써 왼편을 사귀지 않으며, 왼편에서 싫어하는 바로써 오른편을 사귀지 않는다. 이러한 것을 '혈구지도'라 한다.

대학 따라쓰기

所	惡	於	上	毋	以	使	下	所	惡	於	下
바 소	미워할 오	어조사 어	윗 상	말 무	써 이	하여금 사	아래 하	바 소	미워할 오	어조사 어	아래 하

毋	以	事	上	所	惡	於	前	毋	以	先	後
말 무	써 이	일 사	윗 상	바 소	미워할 오	어조사 어	앞 전	말 무	써 이	먼저 선	뒤 후

所	惡	於	後	毋	以	從	前	所	惡	於	右
바 소	미워할 오	어조사 어	뒤 후	말 무	써 이	좇을 종	앞 전	바 소	미워할 오	어조사 어	오른쪽 우

毋	以	交	於	左	所	惡	於	左	毋	以	交
말 무	써 이	사귈 교	어조사 어	왼 좌	바 소	미워할 오	어조사 어	왼 좌	말 무	써 이	사귈 교

於	右	此	之	謂	絜	矩	之	道			
어조사 어	오른쪽 우	이 차	갈 지	이를 위	헤아릴 혈	모날 구	갈 지	길 도			

대학 따라쓰기

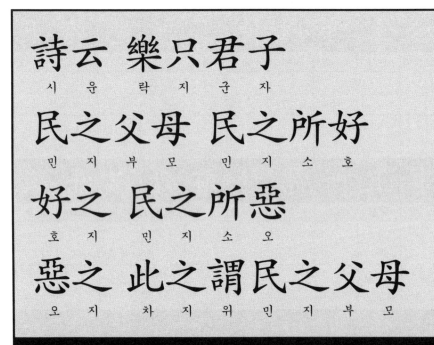

詩云 樂只君子
시 운 락 지 군 자

民之父母 民之所好
민 지 부 모 민 지 소 호

好之 民之所惡
호 지 민 지 소 오

惡之 此之謂民之父母
오 지 차 지 위 민 지 부 모

시경에 이르기를 즐거워하라, 군자들이여! 백성들의 부모라 하였으니 백성들이 좋아하는 바를 좋아하며 백성들이 싫어하는 바를 싫어하는 것이다. 이래서 백성들의 부모라 말한 것이다.

詩	云	樂	只	君	子	民	之	父	母	民	之
시 시	이를 운	즐길 락	다만 지	임금 군	아들 자	백성 민	갈 지	아버지 부	어머니 모	백성 민	갈 지

所	好	好	之	民	之	所	惡	惡	之	此	之
바 소	좋을 호	좋을 호	갈 지	백성 민	갈 지	바 소	미워할 오	미워할 오	갈 지	이 차	갈 지

謂	民	之	父	母
이를 위	백성 민	갈 지	아버지 부	어머니 모

대학 따라쓰기

詩云 節彼南山 維石巖巖
시 운 절 피 남 산 유 석 암 암

赫赫師尹 民具爾瞻
혁 혁 사 윤 민 구 이 첨

有國者 不可以不愼
유 국 자 불 가 이 불 신

辟則爲天下僇矣
벽 즉 위 천 하 륙 의

시경에 이르기를 우뚝한 저 남산이여, 오직 바위만 울퉁불퉁하도다. 혁혁하신 사윤이여, 백성 모두 당신을 우러러본다 하였으니 나라를 맡은 사람은 삼가지 않을 수 없다. 편벽되면 곧 천하에 큰 죽임이 된다.*

* 편벽되면 자신은 살해당하고 나라가 망하여 천하의 큰 죽임이 된다고 주희가 주해하였다.

詩	云	節	彼	南	山	維	石	巖	巖	赫	赫
시 시	이를 운	마디 절	저 피	남녘 남	메 산	벼리 유	돌 석	바위 암	바위 암	빛날 혁	빛날 혁

師	尹	民	具	爾	瞻	有	國	者	不	可	以
스승 사	다스릴 윤	백성 민	갖출 구	너 이	볼 첨	있을 유	나라 국	놈 자	아닐 불	옳을 가	써 이

不	愼	辟	則	爲	天	下	僇	矣			
아닐 불	삼갈 신	임금 벽	곧 즉	할 위	하늘 천	아래 하	욕보일 륙	어조사 의			

詩云 殷之未喪師 克配上帝
시 운 은 지 미 상 사 극 배 상 제

儀監于殷 峻命不易
의 감 우 은 준 명 불 이

道得衆則得國 失衆則失國
도 득 증 즉 득 국 실 중 즉 실 국

시경에 이르기를 은나라가 백성을 잃지 않았을 적에는 상제님과 짝이 될 수 있었으니 마땅히 은나라를 거울로 삼을지어다. 큰 명령은 쉽지 않다 하였으니 백성을 얻으면 곧 나라를 얻게 되고 백성을 잃으면 곧 나라를 잃게 됨을 말한 것이다.

※ 여기서 도(道)는 '일컫다' 라는 의미이다.

詩	云	殷	之	未	喪	師	克	配	上	帝	儀
시 시	이를 운	은나라 은	갈 지	아닐 미	잃을 상	스승 사	이길 극	짝 배	윗 상	임금 제	거동 의

監	于	殷	峻	命	不	易	道	得	衆	則	得
볼 감	어조사 우	은나라 은	높을 준	목숨 명	아닐 불	쉬울 이	길 도	얻을 득	무리 중	곧 즉	얻을 득

國	失	衆	則	失	國						
나라 국	잃을 실	무리 중	곧 즉	잃을 실	나라 국						

대학 따라쓰기

是故 君子 先愼乎德
시 고 군 자 선 신 호 덕

有德 此有人 有人 此有土
유 덕 차 유 인 유 인 차 유 토

有土 此有財 有財 此有用
유 토 차 유 재 유 재 차 유 용

그러므로 군자는 먼저 덕을 쌓아야 한다. 덕이 있으면 이에 사람이 있게 되고 사람이 있으면 이에 땅이 있게 되고 땅이 있으면 이에 재물이 있게 되고 재물이 있으면 이에 쓰임이 있게 된다.

是	故	君	子	先	愼	乎	德	有	德	此	有
이 시	연고 고	임금 군	아들 자	먼저 선	삼갈 신	어조사 호	클 덕	있을 유	클 덕	이 차	있을 유

人	有	人	此	有	土	有	土	此	有	財	有
사람 인	있을 유	사람 인	이 차	있을 유	흙 토	있을 유	흙 토	이 차	있을 유	재물 재	있을 유

財	此	有	用								
재물 재	이 차	있을 유	쓸 용								

대학 따라쓰기

73

德者 本也 財者 末也
덕 자 본 야 재 자 말 야

外本内末 爭民施奪
외 본 내 말 쟁 민 시 탈

덕은 근본이요 재물은 말단이다. 근본을 밖으로 하고 말단을 안으로 하
면 백성을 다투게 하고 약탈이 퍼지게 한다.

德	者	本	也	財	者	末	也	外	本	内	末
클 덕	놈 자	근본 본	어조사 야	재물 재	놈 자	끝 말	어조사 야	바깥 외	근본 본	안 내	끝 말

爭	民	施	奪								
다툴 쟁	백성 민	베풀 시	빼앗을 탈								

대학 따라쓰기

是故 財聚則民散
시 고　재 취 즉 민 산

財散則民聚
재 산 즉 민 취

그러므로 재물이 모이면 곧 백성들이 흩어지고 재물이 흩어지면 곧 백성들이 모인다.

是	故	財	聚	則	民	散	財	散	則	民	聚
이 시	연고 고	재물 재	모을 취	곧 즉	백성 민	흩을 산	재물 재	흩을 산	곧 즉	백성 민	모을 취

대학 따라쓰기

是故 言悖而出者
시 고 언 패 이 출 자

亦悖而入 貨悖而入者
역 패 이 입 화 패 이 입 자

亦悖而出
역 패 이 출

그러므로 말이 거슬려 나간 것은 또한 거슬려 들어오고 재물이 거슬려
들어온 것은 또한 거슬려 나간다.

是	故	言	悖	而	出	者	亦	悖	而	入	貨
이 시	연고 고	말씀 언	거스를 패	말 이을 이	날 출	놈 자	또 역	거스를 패	말 이을 이	들 입	재물 화

悖	而	入	者	亦	悖	而	出				
거스를 패	말 이을 이	들 입	놈 자	또 역	거스를 패	말 이을 이	날 출				

대학 따라쓰기

康誥曰 惟命 不于常
강 고 왈 유 명 불 우 상
道善則得之 不善則失之矣
도 선 즉 득 지 불 선 즉 실 지 의

강고에 이르기를 오직 명은 불변하는 것이 아니라고 하였으니 선하면 그것을 얻고 선하지 못하면 그것을 잃음을 말한 것이다.

康	誥	曰	惟	命	不	于	常	道	善	則	得
편안 강	고할 고	가로 왈	생각할 유	목숨 명	아닐 불	어조사 우	떳떳할 상	길 도	착할 선	곧 즉	얻을 득

之	不	善	則	失	之	矣					
갈 지	아닐 불	착할 선	곧 즉	잃을 실	갈 지	어조사 의					

대학 따라쓰기

楚書曰 楚國 無以爲寶
초 서 왈 초 국 무 이 위 보

惟善 以爲寶
유 선 이 위 보

초서에 이르기를 초나라는 보배로 삼을 만한 것이 없고 오직 선으로써
보배를 삼는다 하였다.

楚	書	曰	楚	國	無	以	爲	寶	惟	善	以
초나라 **초**	글 서	가로 왈	초나라 **초**	나라 **국**	없을 무	써 이	할 위	보배 보	생각할 유	착할 선	써 이

爲	寶										
할 위	보배 보										

대학 따라쓰기

舅犯曰 亡人 無以爲寶
구 범 왈 망 인 무 이 위 보

仁親 以爲寶
인 친 이 위 보

구범이 말하기를 망명한 사람은 보배로 삼을 만한 것이 없고 친한 이를
사랑함*을 보배로 삼는다 하였다.

* 문맥상 仁親을 '어짊과 친밀함'으로 해석할 수 있다. 주희는 仁을 愛로 주해하였다.

舅	犯	曰	亡	人	無	以	爲	寶	仁	親	以
시아버지구	범할 범	가로 왈	망할 망	사람 인	없을 무	써 이	할 위	보배 보	어질 인	친할 친	써 이

爲	寶
할 위	보배 보

대학 따라쓰기

秦誓曰 若有一介臣
진 서 왈 약 유 일 개 신

斷斷兮無他技 其心
단 단 혜 무 타 기 기 심

休休焉其如有容焉
휴 휴 언 기 여 유 용 언

人之有技 若己有之
인 지 유 기 약 기 유 지

人之彦聖 其心好之
인 지 언 성 기 심 호 지

不啻若自其口出 寔能容之
불 시 약 자 기 구 출 식 능 용 지

以能保我子孫黎民
이 능 보 아 자 손 려 민

尚亦有利哉
상 역 유 리 재

진서에 이르기를 만약 한 꿋꿋한 신하가 있어 정말로 다른 재주는 없으나 그 마음이 착하기만 하면 그와 같은 이는 받아들임이 있는 것이요, 남이 가진 재주를 자기가 그것을 가진 듯이 하며 남의 뛰어나고 어짊을 그 마음으로부터 그것을 좋아하여 그의 입으로 나오는 것 같음에 그치지 아니하면 이는 받아들일 수 있는 것이니, 이로써 우리 자손과 백성들을 보전할 수 있으면 또한 이로움이 있다고 하였다.

秦	誓	曰	若	有	一	介	臣	斷	斷	兮	無
성씨 진	맹세할 서	가로 왈	같을 약	있을 유	한 일	낱 개	신하 신	끊을 단	끊을 단	어조사 혜	없을 무

他	技	其	心	休	休	焉	其	如	有	容	焉
다를 타	재주 기	그 기	마음 심	쉴 휴	쉴 휴	어찌 언	그 기	같을 여	있을 유	얼굴 용	어찌 언

人	之	有	技	若	己	有	之	人	之	彦	聖
사람 인	갈 지	있을 유	재주 기	같을 약	몸 기	있을 유	갈 지	사람 인	갈 지	선비 언	성인 성

其	心	好	之	不	啻	若	自	其	口	出	寔
그 기	마음 심	좋을 호	갈 지	아닐 불	뿐 시	같을 약	스스로 자	그 기	입 구	날 출	이 식

能	容	之	以	能	保	我	子	孫	黎	民	尙
능할 능	얼굴 용	갈 지	써 이	능할 능	지킬 보	나 아	아들 자	손자 손	검을 려	백성 민	오히려 상

亦	有	利	哉								
또 역	있을 유	이로울 리	어조사 재								

人之有技 媢疾以惡之
인 지 유 기　모 질 이 오 지

人之彦聖 而違之 俾不通
인 지 언 성　이 위 지　비 불 통

寔不能容 以不能保我子孫黎民
식 불 능 용　이 불 능 보 아 자 손 려 민

亦曰殆哉
역 왈 태 재

남의 재주 있는 것을 시기하고 그를 미워하며 남의 뛰어나고 어짊을 거
슬리어 통하지 못하게 한다면 이는 받아들이지 못하는 것이니 그로써
우리 자손과 백성들을 보전할 수 없을 것이며 또한 위태롭다고 하였다.

人	之	有	技	媢	疾	以	惡	之	人	之	彦
사람 인	갈 지	있을 유	재주 기	강샘할 모	병 질	써 이	미워할 오	갈 지	사람 인	갈 지	선비 언

聖	而	違	之	俾	不	通	寔	不	能	容	以
성인 성	말 이을 이	어긋날 위	갈 지	더할 비	아닐 불	통할 통	이 식	아닐 불	능할 능	얼굴 용	써 이

不	能	保	我	子	孫	黎	民	亦	曰	殆	哉
아닐 불	능할 능	지킬 보	나 아	아들 자	손자 손	검을 려	백성 민	또 역	가로 왈	위태할 태	어조사 재

대학 따라쓰기

唯仁人 放流之 迸諸四夷
유 인 인　방 류 지　병 저 사 이

不與同中國 此謂唯仁人
불 여 동 중 국　차 위 유 인 인

爲能愛人 能惡人
위 능 애 인　능 오 인

오직 어진 사람만이 이들을 몰아내어 사방 오랑캐의 곳으로 쫓아서 함께 중국에서 살아가지 못하게 하나니, 이를 일러 오직 어진 사람만이 사람을 사랑할 수 있고 사람을 미워할 수 있다고 하는 것이다.

唯	仁	人	放	流	之	迸	諸	四	夷	不	與
오직 유	어질 인	사람 인	놓을 방	흐를 류	갈 지	쫓을 병	어조사 저	넉 사	오랑캐 이	아닐 불	더불 여

同	中	國	此	謂	唯	仁	人	爲	能	愛	人
한가지 동	가운데 중	나라 국	이 차	이를 위	오직 유	어질 인	사람 인	할 위	능할 능	사랑 애	사람 인

能	惡	人									
능할 능	미워할 오	사람 인									

대학 따라쓰기

83

見賢而不能擧 擧而不能先
견현이불능거 거이불능선

命也 見不善而不能退
명야 견불선이불능퇴

退而不能遠 過也
퇴이불능원 과야

어진 이를 보고도 등용하지 못하며 등용하되 먼저 하지 못하는 것은 태만함이고, 착하지 못한 이를 보고도 물리치지 못하고 물리치되 멀리하지 못하는 것은 잘못이다.

※ 주희는 대학장구에서 명(命)을 해석하면서, 정현은 만(慢)이라고 하고 정이천은 태(怠)라고 하였는데 어느 것이 맞는지 알지 못한다고 하였다.

見	賢	而	不	能	擧	擧	而	不	能	先	命
볼 견	어질 현	말 이을 이	아닐 불	능할 능	들 거	들 거	말 이을 이	아닐 불	능할 능	먼저 선	목숨 명

也	見	不	善	而	不	能	退	退	而	不	能
어조사 야	볼 견	아닐 불	착할 선	말 이을 이	아닐 불	능할 능	물러날 퇴	물러날 퇴	말 이을 이	아닐 불	능할 능

遠	過	也
멀 원	지날 과	어조사 야

대학 따라쓰기

好人之所惡 惡人之所好
호 인 지 소 오 오 인 지 소 호
是謂拂人之性 菑必逮夫身
시 위 불 인 지 성 재 필 체 부 신

남이 싫어한 것을 좋아하며 남이 좋아하는 것을 싫어하는 것, 이것을 사람의 본성을 거스른다고 하는 것이니 반드시 재앙이 그 몸에 따른다.

好	人	之	所	惡	惡	人	之	所	好	是	謂
좋을 호	사람 인	갈 지	바 소	미워할 오	미워할 오	사람 인	갈 지	바 소	좋을 호	이 시	이를 위

拂	人	之	性	菑	必	逮	夫	身			
떨칠 불	사람 인	갈 지	성품 성	재앙 재	반드시 필	잡을 체	지아비 부	몸 신			

대학 따라쓰기

是故 君子有大道
시 고 군 자 유 대 도
必忠信以得之 驕泰以失之
필 충 신 이 득 지 교 태 이 실 지

그러므로 군자에게는 큰 도가 있으니 반드시 충성과 믿음으로써 그것을
얻고 교만함과 방자함으로써 그것을 잃는다.

是	故	君	子	有	大	道	必	忠	信	以	得
이 시	연고 고	임금 군	아들 자	있을 유	클 대	길 도	반드시 필	충성 충	믿을 신	써 이	얻을 득

之	驕	泰	以	失	之						
갈 지	교만할 교	클 태	써 이	잃을 실	갈 지						

대학 따라쓰기

生財有大道 生之者衆
생 재 유 대 도 생 지 자 중
食之者寡 爲之者疾
식 지 자 과 위 지 자 질
用之者舒 則財恒足矣
용 지 자 서 즉 재 항 족 의

재물을 생산함에 큰 방법이 있으니 그것을 생산하는 자가 많고 그것을
먹는 자는 적으며 그것을 만들어내는 자는 빠르고 그것을 쓰는 자는 더
디다면 곧 재물은 항상 풍족할 것이다.

生	財	有	大	道	生	之	者	衆	食	之	者
날 생	재물 재	있을 유	클 대	길 도	날 생	갈 지	놈 자	무리 중	밥 식	갈 지	놈 자

寡	爲	之	者	疾	用	之	者	舒	則	財	恒
적을 과	할 위	갈 지	놈 자	병 질	쓸 용	갈 지	놈 자	펼 서	곧 즉	재물 재	항상 항

足	矣										
발 족	어조사 의										

대학 따라쓰기

仁者 以財發身
인 자 이 재 발 신

不仁者 以身發財
불 인 자 이 신 발 재

어진 사람은 재물로써 몸을 일으키고 어질지 못한 사람은 몸으로써 재
물을 일으킨다.

仁	者	以	財	發	身	不	仁	者	以	身	發
어질 인	놈 자	써 이	재물 재	필 발	몸 신	아닐 불	어질 인	놈 자	써 이	몸 신	필 발

財											
재물 재											

대학 따라쓰기

未有上好仁而下不好義者也
미 유 상 호 인 이 하 불 호 의 자 야

未有好義其事不終者也
미 유 호 의 기 사 부 종 자 야

未有府庫財非其財者也
미 유 부 고 재 비 기 재 자 야

위에서 어짊을 좋아하는데도 아래서 의로움을 좋아하지 않는 경우는 있지 않으며, 의로움을 좋아하는데도 그 일이 끝마쳐지지 않는 경우도 있지 않으며, 창고의 재물이 그의 재물이 되지 않는 경우도 있지 않다.

未	有	上	好	仁	而	下	不	好	義	者	也
아닐 미	있을 유	윗 상	좋을 호	어질 인	말 이을 이	아래 하	아닐 불	좋을 호	옳을 의	놈 자	어조사 야

未	有	好	義	其	事	不	終	者	也	未	有
아닐 미	있을 유	좋을 호	옳을 의	그 기	일 사	아닐 부	마칠 종	놈 자	어조사 야	아닐 미	있을 유

府	庫	財	非	其	財	者	也				
마을 부	곳집 고	재물 재	아닐 비	그 기	재물 재	놈 자	어조사 야				

대학 따라쓰기

孟獻子曰 畜馬乘
맹 헌 자 왈 흑 마 승
不察於鷄豚 伐冰之家
불 찰 어 계 돈 벌 빙 지 가
不畜牛羊 百乘之家
불 흑 우 양 백 승 지 가
不畜聚斂之臣
불 흑 취 렴 지 신

맹헌자가 말하기를 수레를 끄는 말을 기르는 이는 닭이나 돼지를 살피지 않고, 얼음을 베어가는 집안은 소와 양을 기르지 않으며, 부유한 집에서는 가혹하게 세금을 거두어들이는 신하를 기르지 아니한다.

孟	獻	子	曰	畜	馬	乘	不	察	於	鷄	豚
맏 맹	드릴 헌	아들 자	가로 왈	기를 휵	말 마	탈 승	아닐 불	살필 찰	어조사 어	닭 계	돼지 돈

伐	冰	之	家	不	畜	牛	羊	百	乘	之	家
칠 벌	얼음 빙	갈 지	집 가	아닐 불	기를 휵	소 우	양 양	일백 백	탈 승	갈 지	집 가

不	畜	聚	斂	之	臣						
아닐 불	기를 휵	모을 취	거둘 렴	갈 지	신하 신						

대학 따라쓰기

與其有聚斂之臣

여 기 유 취 렴 지 신

寧有盜臣 此謂國

영 유 도 신 차 위 국

不以利爲利 以義爲利也

불 이 리 위 리 이 의 위 리 야

가혹하게 세금을 거두어들이는 신하를 두기보다는 차라리 도둑질하는 신하를 두는 것이 낫다고 하였으니 이를 일러 나라는 이익으로써 이로움을 삼지 않고 의로움으로써 이로움을 삼는다고 말하는 것이다.

與	其	有	聚	斂	之	臣	寧	有	盜	臣	此
더불 여	그 기	있을 유	모을 취	거둘 렴	갈 지	신하 신	편안할 영	있을 유	도둑 도	신하 신	이 차

謂	國	不	以	利	爲	利	以	義	爲	利	也
이를 위	나라 국	아닐 불	써 이	이로울 리	할 위	이로울 리	써 이	옳을 의	할 위	이로울 리	어조사 야

대학 따라쓰기

長國家而務財用者
장 국 가 이 무 재 용 자

必自小人矣 彼爲善之
필 자 소 인 의 피 위 선 지

小人之使爲國家
소 인 지 사 위 국 가

菑害竝至 雖有善者
재 해 병 지 수 유 선 자

亦無如之何矣
역 무 여 지 하 의

국가의 지도자가 되어 재물을 씀에 힘쓰는 자는 반드시 소인들로 말미암을 것이다. 그가 하는 짓은 그것을 잘하는 것이라 하여 소인들로 하여금 국가 일을 하게 하면 재해가 아울러 이를 것이다. 비록 잘한 것이 있다 하더라도 또한 그것을 어찌할 수가 없는 것이다.

대학 따라쓰기

長	國	家	而	務	財	用	者	必	自	小	人
길 장	나라 국	집 가	말 이을 이	힘쓸 무	재물 재	쓸 용	놈 자	반드시 필	스스로 자	작을 소	사람 인

矣	彼	爲	善	之	小	人	之	使	爲	國	家
어조사 의	저 피	할 위	착할 선	갈 지	작을 소	사람 인	갈 지	하여금 사	할 위	나라 국	집 가

菑	害	竝	至	雖	有	善	者	亦	無	如	之
재앙 재	해할 해	나란히 병	이를 지	비록 수	있을 유	착할 선	놈 자	또 역	없을 무	같을 여	갈 지

何	矣										
어찌 하	어조사 의										

대학 따라쓰기

此謂國 不以利爲利

차 위 국 불 이 리 위 리

以義爲利也

이 의 위 리 야

이를 일러 나라는 이익으로써 이로움을 삼지 아니하고 의로써 이로움을 삼는다고 말하는 것이다.

此	謂	國	不	以	利	爲	利	以	義	爲	利
이 차	이를 위	나라 국	아닐 불	써 이	이로울 리	할 위	이로울 리	써 이	옳을 의	할 위	이로울 리

也											
어조사 야											

대학 따라쓰기

物有本末
물 유 본 말

事有終始
사 유 종 시

知所先後
지 소 선 후

則近道矣
즉 근 도 의

사물에는 근본과 말단이 있고
일에는 끝과 시작이 있으니
먼저 해야 할 것과 나중에 해야 할 것을 알면
곧 도에 가깝다.

至於用力之久
지 어 용 력 지 구

而一旦豁然貫通焉
이 일 단 활 연 관 통 언

則衆物之表裏精粗無不到
즉 중 물 지 표 리 정 조 무 부 도

而吾心之全體大用無不明矣
이 오 심 지 전 체 대 용 무 불 명 의

힘을 쓰는 것이 오래되어 일단 활연관통에 이르면
곧 모든 사물의 겉과 속과 정밀함과
거침이 이르지 않는 것이 없고
내 마음의 전체를 크게 사용함에 밝지 않은 것이 없다.